The
TIME FOR PRAYER
Program

זְמַן לִתְפִילָה

BOOK 1: בְּרָכוֹת

AN EIGHT-WEEK READING REVIEW BOOK

Dina Maiben and Hillary Zana

© A.R.E. Publishing, Inc.

DEAR STUDENT,

Last year you learned all the skills needed for Hebrew reading. This year you're going to put those skills to use by learning Jewish prayer.

Our study of prayer begins with blessings. (We have blessings for almost *everything*!) For the next six lessons, you're going to sharpen your Hebrew skills and discover how our people use blessings to express thanks for the wonders of our world.

So let's get started by polishing up some of the skills you learned last year.

דַּף קְרִיאָה
READING PAGE

FOCUS ON PHONICS: □ ▫ ▫   ת תָ תַ תֻּ מ צ ה ד ג ב א

KEY WORDS YOU SHOULD KNOW

שַׁבָּת	דָּג	אַבָּא	אִמָּא	מַצָּה	הַגָּדָה

תָ	גַ	צַ	הַ	בָ	שָׁ	.1
תָּד	אָד	צָד	בַּת	שָׁת	מַת	.2
מָשׁ	גָּשׁ	אָשׁ	אָג	בָּג	מָג	.3
הַשׁ	הָת	צָא	בָּא	דַּת	תָּת	.4
גָּשָׁה	מַצָּה	אָשָׁה	הַבַּת	הַדָּג	אַתָּה	.5
הַגָּדָה	גָּמָשׁ	תָּמָד	גָּשָׁשׁ	דְּמָה	.6
הַצָּג	הַשַּׁמָּשׁ	הַמַּצָּה	הָאִמָּא	הָאַבָּא	.7

Sometimes a dot inside a letter does not change its sound.

Become a Super Reader. Practice reading these words.

1. מַצָּה
2. אַתָּה
3. אִמָּא

HAVDALAH MAZE

Shabbat has just ended. But the beautiful spice box that your great-grandparents brought from the old country has been misplaced in the attic. Find your way through the maze to complete the Havdalah set. Begin in the attic (under the chimney) and read every word on your path.

FOUR IN A ROW

Play this game with a partner or class teams. One is X, the other is O. Take turns reading the Hebrew in any box below. If you read correctly, mark the box with your X or O. The first to get four boxes in a straight line in any direction is the winner.

הָאִשָּׁה	דַ	מַ	הַצְּתָה	תָ	אָ
דָּג	בַּת	גַּג	בָּא	הַשַּׁבָּת	הַבָּאָה
בָּגַד	בָּדָה	מָד	מַה	צָדָה	צַד
בָּדְא	בָּדָה	צָמָא	צָמָה	בָּה	אָשָׁשׁ
דָּת	דָּשׁ	תָּג	גָּבָה	גָּמָא	דְּמָה
הַשָּׁה	אַתָּה	הַגַּד	הַגָּדָה	תָּמַד	תָּשַׁשׁ

Practice reading these blessing words.

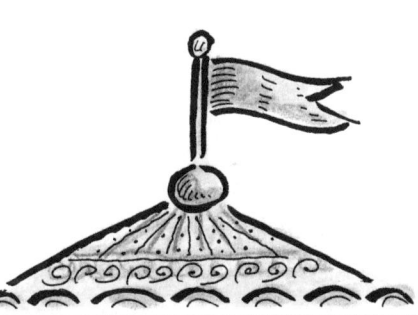

בּוֹרֵא   מִינֵי

הָעוֹלָם   יְיָ

מֶלֶךְ   בָּרוּךְ

שָׁ + מִים = שָׁמַיִם

בְּשָׂ + מִים = בְּשָׂמִים

מִינֵי בְשָׂמִים

The sweet scent of roses . . .
The aroma of baking bread . . .
The sharp odor of ammonia . . .
Smells can bring back memories of special feelings,
times, and places. At the same time, the act of
smelling spices, flowers, fruits, or fragrant woods, like
cedar, can be one of life's great, simple pleasures.

*This blessing is recited on Saturday night at the end of Shabbat during
Havdalah. The smell of sweet spices helps the sweetness of Shabbat to
stay with us a little longer. Practice reading this blessing.*

On smelling fragrant spices

Blessed are You, Adonai our God,

Ruler of the universe,

Creator of various kinds of spices.

בָּרוּךְ אַתָּה יְיָ אֱלֹהֵינוּ
מֶלֶךְ הָעוֹלָם
בּוֹרֵא מִינֵי בְשָׂמִים.

LANGUAGE ENRICHMENT

אוֹצַר מִלִּים
A TREASURY OF WORDS

 בַּיִת

 כֶּלֶב

 שֻׁלְחָן

 חָתוּל

 עַל

 דָּג

 תַּחַת

 חַלָּה

 בְּ___

 יַיִן

Read the passage describing the picture. Cross out the item in the picture
that doesn't belong. Draw the missing item in the correct place.

שַׁבָּת בַּבַּיִת. אַבָּא בַּבַּיִת. אִמָּא בַּבַּיִת.

חָתוּל תַּחַת הַשֻּׁלְחָן. כֶּלֶב תַּחַת הַשֻּׁלְחָן.

חַלָּה עַל הַשֻּׁלְחָן. יַיִן עַל הַשֻּׁלְחָן. דָּג עַל הַשֻּׁלְחָן.

דַף קְרִיאָה
READING PAGE

FOCUS ON PHONICS: י ‬ ‮ ‬ ‬ ‬ י וּ ‬ ‬ ר ק פּ נ ן מ ס י

KEY WORDS YOU SHOULD KNOW

פּוּרִים	יַיִן	קִדּוּשׁ	אֲנִי	יָד

הוּא	נוּ	צוּם	צִים	קוּם	קָם	.1
פּוּר	צוּר	הִיא	אֲנִי	אָנוּ	הָיוּ	.2
מִן	בִּינָה	דָן	יָד	גַן	גַם	.3
רַבִּין	רַבִּים	דִינָה	דִין	דָגָן	שָׁנָה	.4
אָדָם	נוּמִי	קוּמִי	צִיצִית	פּוּגִי	אוּרִי	.5
אֲדִיקוּת	אַגָדָה	אֲדָמָה	יָדִים	מַיִם	אֲגַם	.6

I HEARD IT THROUGH THE GRAPEVINE

Match the words that sound alike. Connect each bunch of grapes to a leaf.

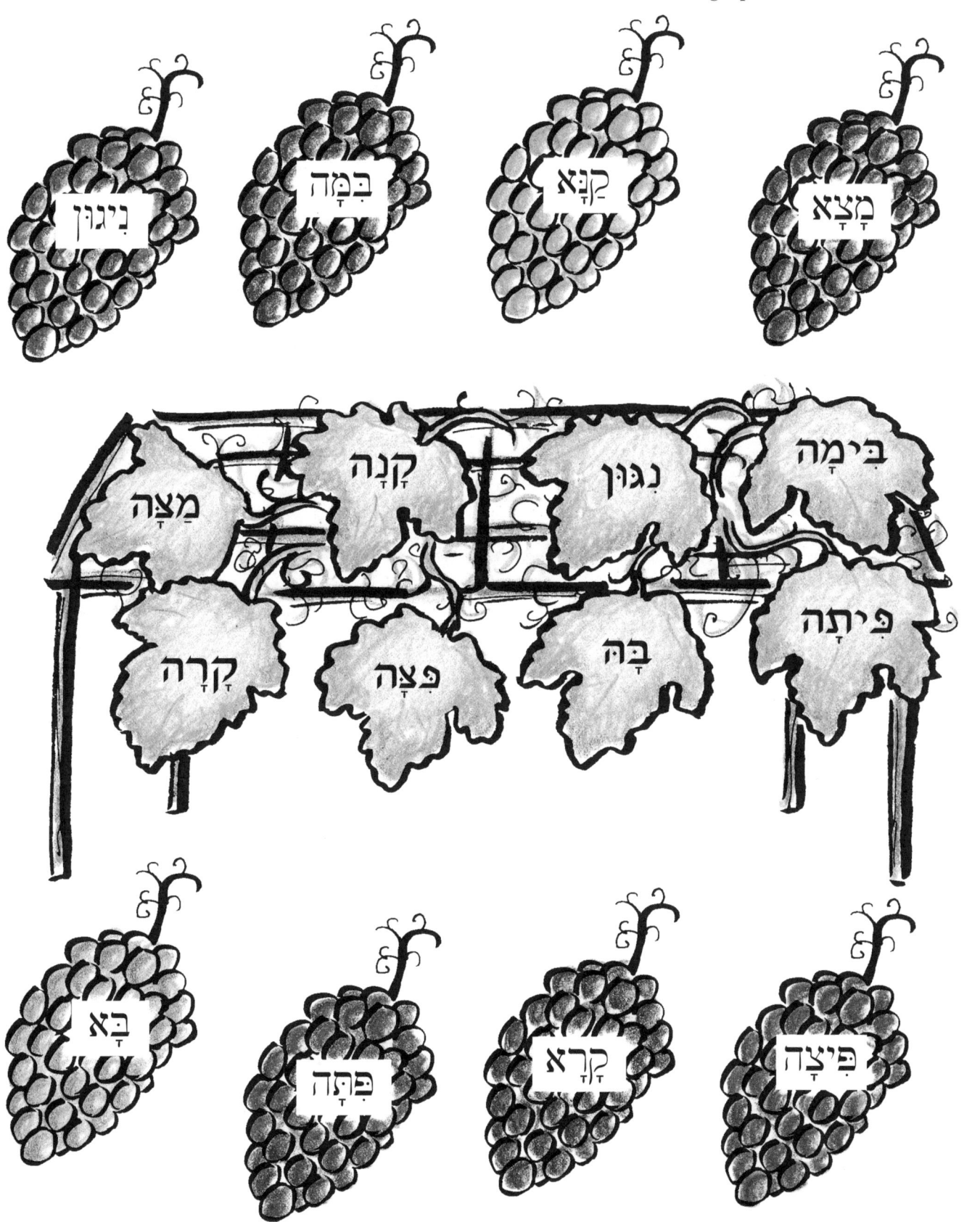

Start in the lower right hand corner and read the words in each row to
a partner. If you make a mistake, start over again. Keep trying until you
can climb the food pyramid without making a mistake.

דַּף בְּרָכָה
BLESSING PAGE

Practice reading these blessing words.

פְּרִי

הָעֵץ   לֶחֶם

הַמּוֹצִיא   הַגֶּפֶן   הָאָרֶץ

SUPER READING SECRET # 2

Practice being a Super Reader. Blend these words smoothly into phrases.

בָּרוּךְ + אַתָּה + יְיָ = בָּרוּךְ אַתָּה יְיָ

בּוֹרֵא + פְּרִי + הַגֶּפֶן = בּוֹרֵא פְּרִי הַגֶּפֶן

בּוֹרֵא + פְּרִי + הָעֵץ = בּוֹרֵא פְּרִי הָעֵץ

בּוֹרֵא + פְּרִי + הָאֲדָמָה = בּוֹרֵא פְּרִי הָאֲדָמָה

הַמּוֹצִיא + לֶחֶם + מִן + הָאָרֶץ = הַמּוֹצִיא לֶחֶם מִן הָאָרֶץ

דַּף בְּרָכָה
BLESSING PAGE

Special tastes remind us of what happened to our ancestors throughout Jewish history. For example, certain foods at the Passover Seder help us remember that we were slaves in Egypt.

Now, dig into these blessings!

Match each Passover food to the idea it symbolizes.

MORTAR	מַצָּה
SLAVERY IS BITTER	כַּרְפַּס
LEAVING EGYPT QUICKLY	מָרוֹר
SPRINGTIME	חֲרֹסֶת

These two blessings are always said before Shabbat meals. Practice reading these blessings.

Before eating bread

Blessed are You, Adonai our God, בָּרוּךְ אַתָּה יְיָ אֱלֹהֵינוּ

Ruler of the universe, מֶלֶךְ הָעוֹלָם

Who brings forth bread from the earth. הַמּוֹצִיא לֶחֶם מִן הָאָרֶץ.

Before drinking wine or grape juice

Blessed are You, Adonai our God, בָּרוּךְ אַתָּה יְיָ אֱלֹהֵינוּ

Ruler of the universe, מֶלֶךְ הָעוֹלָם

Who creates the fruit of the vine. בּוֹרֵא פְּרִי הַגָּפֶן.

Other blessings for things we eat and drink:

Before eating nuts or fruit from trees

Blessed are You, Adonai our God, בָּרוּךְ אַתָּה יְיָ אֱלֹהֵינוּ

Ruler of the universe, מֶלֶךְ הָעוֹלָם

Who creates the fruit of the tree. בּוֹרֵא פְּרִי הָעֵץ.

Before eating vegetables, fruits, or nuts that grow out of the ground

Blessed are You, Adonai our God, בָּרוּךְ אַתָּה יְיָ אֱלֹהֵינוּ

Ruler of the universe, מֶלֶךְ הָעוֹלָם

Who creates the fruit of the ground. בּוֹרֵא פְּרִי הָאֲדָמָה.

אוֹצַר מִלִּים
A TREASURY OF WORDS

אוֹכֵל / אוֹכֶלֶת

לֶחֶם

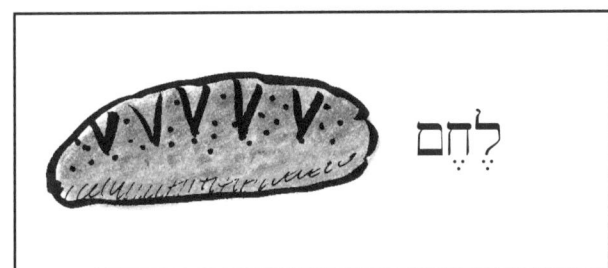

עֵץ ← אֲדָמָה

פְּרִי

פְּרִי הָאֲדָמָה =

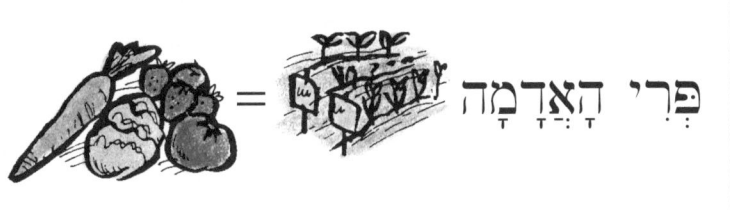

פֵּרוֹת

פְּרִי הָעֵץ =

גֶּפֶן

פְּרִי הַגֶּפֶן = יַיִן

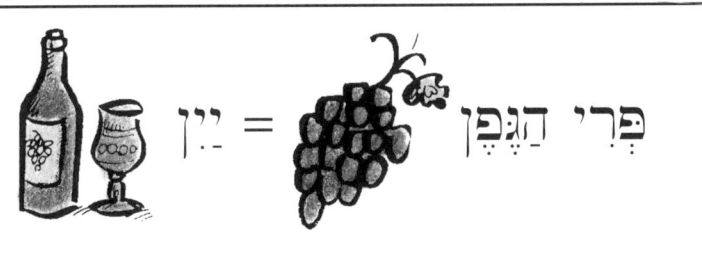

בְּתֵאָבוֹן!

BON APPETIT!

Write the number of the matching picture after each sentence.

דָּוִד הַמֶּלֶךְ אוֹכֵל פְּרִי. ____

רוּתִי אוֹכֶלֶת לֶחֶם. ____

הַפְּרִי עַל הָעֵץ. ____

רָחֵל אוֹכֶלֶת סָלַט פֵּרוֹת. ____

יֶלֶד אוֹכֵל אֲדָמָה. ____

חָתוּל תַּחַת הַגֶּפֶן. ____

פְּרִי תַּחַת הַלֶּחֶם. ____

לֶחֶם וּפֵרוֹת עַל הָאֲדָמָה. ____

דַף קְרִיאָה
READING PAGE

FOCUS ON PHONICS: (silent) ׃▢ ל ח ו ב

KEY WORDS YOU SHOULD KNOW

בַּת־מִצְוָה	בַּר־מִצְוָה	חַלָּה

1. אָח אָב חַג חוּג שׁוּב אַחֲרִית
2. אָבִיב לָקוּם רָחוּם לָבָן חַלָּה חָלָב
3. חוּפָּה לוּלָב חָלִיל שָׁמְרוּ לָמְדָה דוּגְמָא
4. בַּקְבּוּק הִגְדִיל הַבְדָּלָה וָו וָתִיק וַאֲנִי
5. פַּרְוָה שָׁלְוָה מִצְוָה שׁוּתָּה מִלְוָה הַתִּקְוָה
6. חוּמְצָה וַדָּאוּת בִּלְבּוּל קוּפָּה וַתְרָנוּת

CRACK THE CODE

Does each word pair sound the same or sound different? Circle the letter in the correct answer column. Then fill the letter answers in the blanks below. The first one has been done as an example.

SOUNDS THE SAME	SOUNDS DIFFERENT		WORD PAIRS	
(מָ)	דְ	חַלָא	חַלָה	.1
וְ	שָׁ	מַצָה	מָצָא	.2
תַ	בַ	חָוּר	חוֹר	.3
גָּ	צָ	בְּבַת	בַּבַּית	.4
ר	א	חָזָק	חָבַק	.5
וְ	קַ	אֲבִיר	אֲוִיר	.6
נַ	בַ	לָאוֹ	לָבִיא	.7
ת	וֹ	נִמְצָה	נִמְצָא	.8
ם	ה	מִצְבָה	מִצְוָה	.9

When might a tallit be worn?

$$\underset{9}{\rule{1.5em}{0.4pt}}\ \underset{2}{\rule{1.5em}{0.4pt}}\ \underset{4}{\rule{1.5em}{0.4pt}}\ \underset{1}{\overset{\text{מָ}}{\rule{1.5em}{0.4pt}}}\text{-}\ \underset{5}{\rule{1.5em}{0.4pt}}\ \underset{3}{\rule{1.5em}{0.4pt}}$$

$$\underset{9}{\rule{1.5em}{0.4pt}}\ \underset{6}{\rule{1.5em}{0.4pt}}\ \underset{4}{\rule{1.5em}{0.4pt}}\ \underset{1}{\rule{1.5em}{0.4pt}}\text{-}\ \underset{8}{\rule{1.5em}{0.4pt}}\ \underset{7}{\rule{1.5em}{0.4pt}}$$

BLENDING WRAP-UP

Each stripe below contains one word written three different ways. Share the reading with a partner or a class team. One reads the first half of the word. The other finishes the word.

מִצְוָה   מִצְוָה   מְצ וָה

מַשְׁלִים   מַשְׁלִים   מַשׁ לִים

חוּמְרָא   חוּמְרָא   חוּמ רָא

וַתֵּרֶן   וַתֵּרֶן   וַתֵּ רֶן

פַּרְפָּר   פַּרְפָּר   פַּר פָּר

פִּשְׁתִּים   פִּשְׁתִּים   פִּשׁ תִּים

הַבְדָּלָה   הַבְדָּלָה   הַבְ דָּ לָה

חִלְחוּל   חִלְחוּל   חִל חוּל

מַבְדִּיל   מַבְדִּיל   מַבְ דִּיל

אַבְרָם   אַבְרָם   אַבְ רָם

אַבְרָהָם   אַבְרָהָם   אַבְ רָ הָם

הַתִּקְוָה   הַתִּקְוָה   הַ תִּק וָה

דַּף בְּרָכָה
BLESSING PAGE

Practice reading these blessing words.

נְטִילַת   אֲשֶׁר   עַל

בְּמִצְ + וֹ + תָיו = בְּמִצְוֹתָיו

לְהִתְ + עַ + טֵף = לְהִתְעַטֵּף

אֲשֶׁר + קִדְּשָׁנוּ + בְּמִצְוֹתָיו = אֲשֶׁר קִדְּשָׁנוּ בְּמִצְוֹתָיו

וְצִוָּנוּ + לְהִתְעַטֵּף + בַּצִּיצִית = וְצִוָּנוּ לְהִתְעַטֵּף בַּצִּיצִית

Jewish tradition uses touch to communicate important ideas. When we kiss the Torah we are showing our love for it. When we wear a טַלִית, we wrap ourselves in our tradition. And a כִּפָּה reminds us that God is with us. Now, try these blessings on for size!

A טַלִית is worn for morning prayer services, and on the evening of Yom Kippur. Practice reading this blessing.

For putting on a טַלִית

Blessed are You, Adonai our God,	בָּרוּךְ אַתָּה יְיָ אֱלֹהֵינוּ
Ruler of the universe,	מֶלֶךְ הָעוֹלָם
Who has made us special with mitzvot,	אֲשֶׁר קִדְּשָׁנוּ בְּמִצְוֹתָיו
And commanded us wrap ourselves in fringes.	וְצִוָּנוּ לְהִתְעַטֵּף בַּצִּיצִית.

Another blessing for something we touch:

For washing hands

Blessed are You, Adonai our God,	בָּרוּךְ אַתָּה יְיָ אֱלֹהֵינוּ
Ruler of the universe,	מֶלֶךְ הָעוֹלָם
Who has made us special with mitzvot,	אֲשֶׁר קִדְּשָׁנוּ בְּמִצְוֹתָיו
And commanded us to wash our hands.	וְצִוָּנוּ עַל נְטִילַת יָדָיִם.

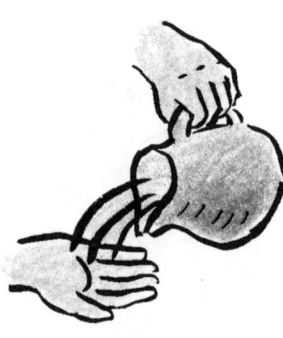

אוֹצַר מִלִּים
A TREASURY OF WORDS

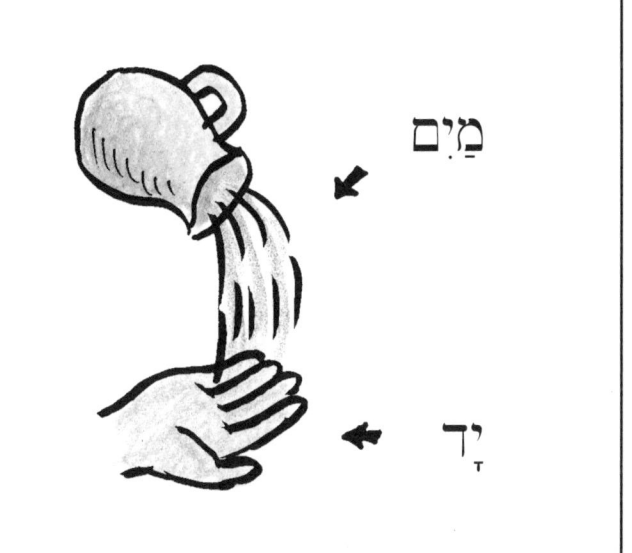

מַיִם

יָד

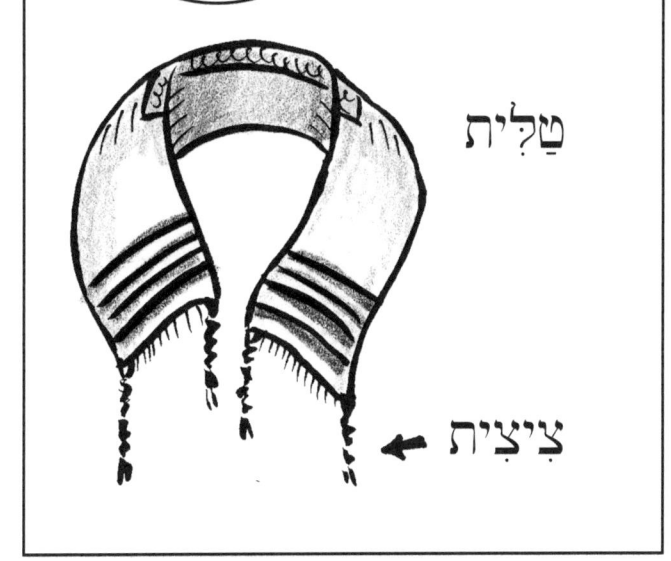

טַלִּית

צִיצִית

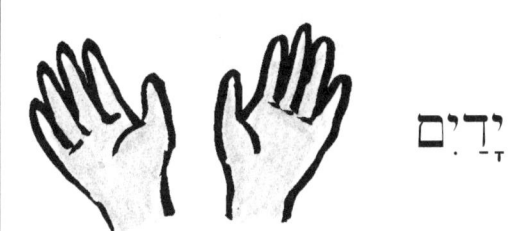

יָדַיִם

כִּפָּה

רֹאשׁ

עִבְרִית

עַל-יַד

the _____ = _____ ה

LANGUAGE ENRICHMENT

Draw in the missing parts of each picture
so that they match the Hebrew captions.

הַכִּפָּה עַל הָרֹאשׁ.

עִבְרִית עַל הַכִּפָּה.

הַמַּיִם עַל הַיָּדַיִם.

הַכִּפָּה עַל-יַד הַטַּלִית.

הַצִּיצִית עַל הַטַּלִית.

הַלֶּחֶם עַל-יַד הַפֵּרוֹת.

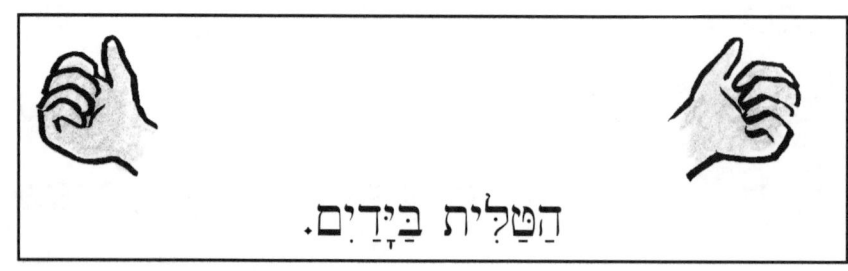

הַטַּלִית בַּיָּדַיִם.

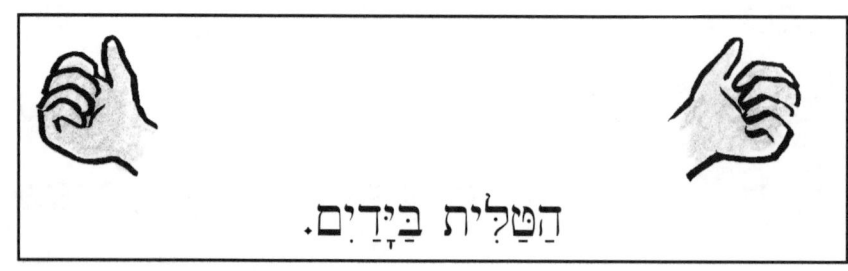

דַף קְרִיאָה
READING PAGE

FOCUS ON PHONICS: יְ   ַ   ֶ   ְ   שׁ   ע   ס   כ

KEY WORDS YOU SHOULD KNOW

יִשְׂרָאֵל	יֶלֶד	כִּתָּה	עִבְרִית

סִדוּר	סֶלַע	אֵל	כָּאן	רַע	עַד	.1
נָשִׂיא	שִׂיחָה	עֶרֶב	כֶּתֶר	יָאֶה	אֶחָד	.2
עָשָׂה	שֵׂעָר	חֵן	נֶאֱמָן	אֱמוּנָה	אֱמֶת	.3
כָּשֵׁר	כֶּבֶשׂ	צָמֵא	פֶּסַח	קָיָם	חֶסֶד	.4
עֵשֶׂב	עֶצֶם	מִשְׁכָּן	צִיֶן	כּוּן	שָׁלֵם	.5
מַעֲשֶׂה	חַיֵּינוּ	יִשְׂרָאֵל	פַּרְנָסָה	עָלֵינוּ	שַׁעֲרֵי	.6

RHYMES AND REASONS

Put a box around the two words in each line that rhyme.

Example:

שְׁבִין   בִּינָה   אֱמוּנֵי   דִּינָה

1. שָׁקֵד   שֶׁקֶר   בֶּכֶר   כְּפוֹר
2. בֹּקֶר   רִקֵּד   הַשָּׂכָר   חָקַר
3. סֶקֶל   כּוֵּן   מֵבִין   אֹכֶל
4. קֵוִיתָ   תִּקְוָה   מִקְרָאִי   מִקְנֶה
5. לְמַדְתֶּם   עֲשִׂיתֶם   עֲשִׂיתֶן   שְׁנַתָּם

Cross out the words that contain the **S** sound.
Write the remaining words in order on the line below.

מַעֲשֶׂה   יִשְׂרָאֵל   נָשִׂיא   שַׁבָּת   עֶשֶׂב   כַּרְפַּס

נַעֲשֶׂה   עֶשְׂרִים   שָׁלוֹם   שִׂמְחָה   הַסְכִּים   שָׂרָה

What do we say on Shabbat?

_____

דַף בְּרָכָה
BLESSING PAGE

Practice reading these blessing words.

בּוֹרֵא

מְאוֹרֵי

הָאֵשׁ

מַעֲשֵׂה   עֹשֶׂה

בְּרָא + שִׁית = בְּרֵאשִׁית

עֹשֶׂה מַעֲשֵׂה

עֹשֶׂה מַעֲשֵׂה בְרֵאשִׁית

וְקַיָּם   זוֹכֵר

בִּבְרִי + תוֹ = בִּבְרִיתוֹ

וְנֶ + אֱ + מָן = וְנֶאֱמָן

בְּמַאֲ + מָ + רוֹ = בְּמַאֲמָרוֹ

וְנֶאֱמָן בִּבְרִיתוֹ   זוֹכֵר הַבְּרִית

וְקַיָּם בְּמַאֲמָרוֹ

Our eyes can be opened to see a world of great beauty and variety. At such times it is very natural to express our thanks to the Creator of such a wonderful world. Now, take a close look at these blessings!

This blessing is recited on Saturday night at the end of Shabbat during Havdalah. We look at a braided candle with many flames. Practice reading this blessing.

Blessed are You, Adonai our God,

Ruler of the universe,

Who creates the lights of fire.

בָּרוּךְ אַתָּה יְיָ אֱלֹהֵינוּ
מֶלֶךְ הָעוֹלָם
בּוֹרֵא מְאוֹרֵי הָאֵשׁ.

Other blessings for things we see:

On seeing lightning, shooting stars, high mountains, vast deserts, a sunrise, or other wonders in nature

Blessed are You, Adonai our God,

Ruler of the universe,

Who makes the wonders of creation.

בָּרוּךְ אַתָּה יְיָ אֱלֹהֵינוּ
מֶלֶךְ הָעוֹלָם
עֹשֶׂה מַעֲשֵׂה בְרֵאשִׁית.

On seeing a rainbow

Blessed are You, Adonai our God,

Ruler of the universe,

You remember and are faithful to the covenant,

and keep Your word.

בָּרוּךְ אַתָּה יְיָ אֱלֹהֵינוּ
מֶלֶךְ הָעוֹלָם
זוֹכֵר הַבְּרִית וְנֶאֱמָן בִּבְרִיתוֹ
וְקַיָּם בְּמַאֲמָרוֹ.

אוֹצַר מִלִּים
A TREASURY OF WORDS

According to Torah, the world was created in six days, and the seventh day was Shabbat. In the boxes below, you will find words associated with each day of Creation and with Shabbat. Circle the Hebrew words you already know. Then learn the others.

הָאָרֶץ	⬤	אוֹר	☀		יוֹם רִאשׁוֹן
הָאֲדָמָה	🏔	מַיִם	〰		יוֹם שֵׁנִי
פֵּרוֹת	🍎🍇	עֵץ	🌳		יוֹם שְׁלִישִׁי
יָרֵחַ	🌙	שֶׁמֶשׁ	☀		יוֹם רְבִיעִי
צִפּוֹר	🕊	דָּג	🐟		יוֹם חֲמִישִׁי
זֶבְּרָה 🦓 גּוֹרִילָה 🦍 כֶּלֶב 🐕 חַוָּה 👧		קֶנְגּוּרוּ 🦘 חָתוּל 🐈 אָדָם 👦			יוֹם שִׁשִׁי
נֵרוֹת 🕯 חַלָּה 🥖		יַיִן 🍷			שַׁבָּת

Finish planning your activities for the week. Draw a line from the Hebrew words and phrases to their matching pictures.

אִמָּא

קֶנְגוּרוּ

פֵּרוֹת

דָּג

לֶחֶם

גּוֹרִילָה

יוֹם שֵׁנִי

Help Mom with grocery shopping

יוֹם רִאשׁוֹן

Take little sister to the zoo

מוֹרָה

זֶבְּרָה

סֵפֶר

חָתוּל

עִבְרִית

אַבָּא

יוֹם רְבִיעִי

Hebrew School

יוֹם שְׁלִישִׁי

Go to the pet shop with Dad

יַיִן

כֶּלֶב

נֵרוֹת

צִפּוֹר

חַלָּה

עֵץ

יוֹם שִׁשִּׁי

Family Shabbat dinner

יוֹם חֲמִישִׁי

Go to the park

שַׁבָּת שָׁלוֹם

תּוֹרָה

טַלִּית

כִּפָּה

שַׁבָּת

David's Bar Mitzvah

LESSON **5**: *Lend Me Your Ears*   **5** שִׁעוּר

דַף קְרִיאָה
READING PAGE

FOCUS ON PHONICS: (voiced) ⬛ ⬛ וּ פּ פ ט ז

KEY WORDS YOU SHOULD KNOW

בֵּית-כְּנֶסֶת
בֹּקֶר טוֹב

שָׁלוֹם
סְלִיחָה

אָלֶף
בְּבַקָשָׁה

סֵפֶר
מַזָל טוֹב

חֹרֶף	צֹאן	סוֹף	סוֹד	אוֹר	כֶּסֶף	.1
אֲפִילוּ	אֹפֶן	טָרֵף	חַזָן	זוּג	עֶנֶג	.2
טֹטָפוֹת	אֲבוֹתֵינוּ	צָהֹב	זָהָב	בּוֹרֵא	עוֹלָם	.3
טִפְטֵף	תְּפִילָה	צְדָקָה	מְזוֹנוֹת	מְזוּזָה	זְמַן	.4
לְהִתְעַטֵף	בְּרֵאשִׁית	לְהַדְלִיק	עֶלְיוֹן	תְּפִילִין	זִמְרִיָה	.5
מִתְפַּלֵל	וְאָהַבְתָּ	תְּרוּעָה	שְׁבָרִים	גְדוֹלָה	תְּקִיעָה	.6

שִׁעוּר **5**   28

SHOFAR, SHOW GOOD

בּוֹרֵא ← וּבוֹרֵא

מֶלֶךְ ← הַמֶּלֶךְ

Sometimes a dot inside a letter changes its sound, and sometimes it doesn't.
Circle the pairs in which both letters make the same sound.

פּ/פ   ת/תּ   ד/דּ   מ/מּ   י/יּ   ב/בּ

נ/נּ   ט/טּ   ס/סּ   שׁ/שּׁ   ג/גּ   שׁ/שׂ

Circle the two letters in each שׁוֹפָר that sound the same.

צ שׁ שׂ ע ס ם ז

כ ת מ ט ב פ פּ

פּ ט ב כ ב פ ף

ן ו י וּ ו נ ז

עוֹ צוֹ א אוּ נוּ ז וֹ וּ

WHAT DO YOU HEAR?

Complete the puzzles using the Hebrew words in the word box.
Write the letters from the shaded boxes on the lines below each puzzle.

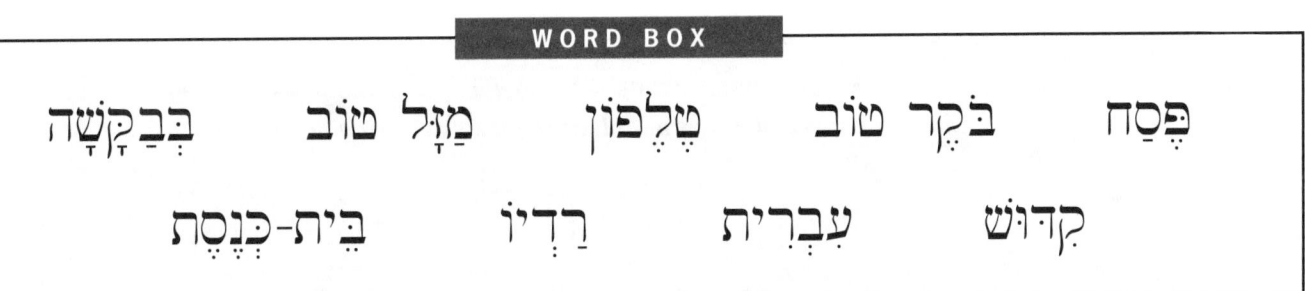

WORD BOX

בְּבַקָשָׁה   מַזָּל טוֹב   טֶלֶפוֹן   בֹּקֶר טוֹב   פֶּסַח

בֵּית-כְּנֶסֶת   רַדְיוֹ   עִבְרִית   קָדוֹשׁ

1. What you hear before drinking wine on שַׁבָּת.

2. What you hear in the morning.

3. What you hear ring.

4. What you hear the ball game on.

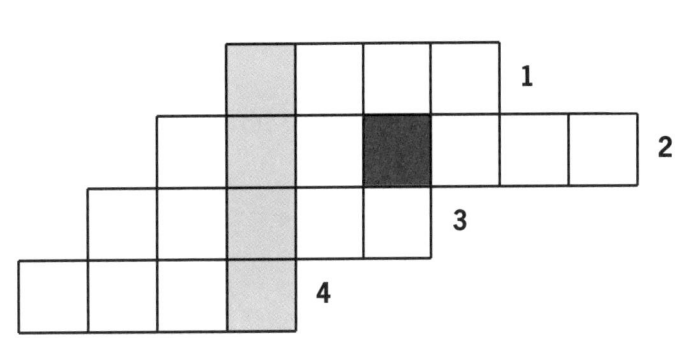

What do you hear on רֹאשׁ הַשָּׁנָה ?

____ ____ ____ ____

1. Where you hear the שׁוֹפָר
on רֹאשׁ הַשָּׁנָה.

2. What the bride and groom hear.

3. What you hear spoken in יִשְׂרָאֵל.

4. When you hear the הַגָּדָה read.

5. The magic word your parents love to hear.

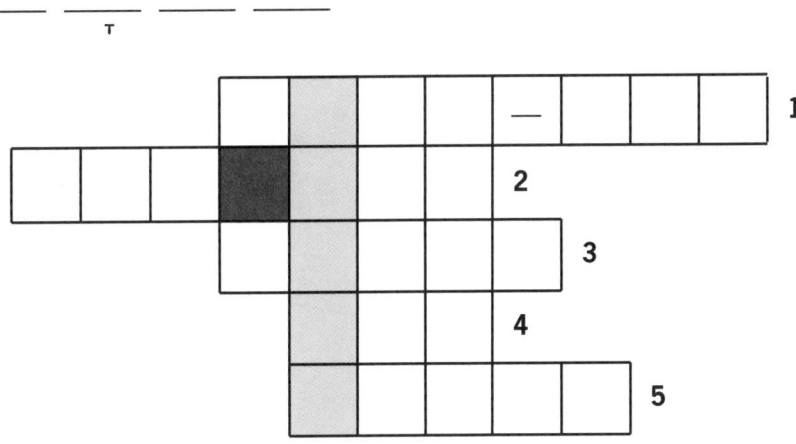

What does God want to hear on יוֹם כִּפּוּר ?

____ ____ ____ ____

דַף בְּרָכָה
BLESSING PAGE

At the beginning of a word, the ◻ always makes a short "e" sound, as in the word "bed."
Inside a word, the ◻ is usually silent, but sometimes it makes a short "e" sound.
Practice blending these blessing words.

בְּמִצְ + וֹ + תָיו = בְּמִצְוֹתָיו = בְּמִצְוֹתָיו

וְצִ + וָ + נוּ = וְצִוָּנוּ = וְצִוָּנוּ

קִ + דְּשָׁ + נוּ = קִדְּשָׁנוּ = קִדְּשָׁנוּ

לִשְׁ + מוֹ + עַ = לִשְׁמוֹעַ = לִשְׁמוֹעַ

The singing of birds . . . a baby's gurgling laughter . . .
the majesty of music . . . the soft pattering of rain . . .
the world is filled with special and beautiful sounds for us
to hear. Now, keep your ears open for this blessing!

The Shofar is sounded during the High Holy Days.
It is like hearing an alarm clock, waking us up to change our ways.

Before hearing the Shofar blasts

Blessed are You, Adonai our God,

Ruler of the universe,

Who makes us special with mitzvot

and commands us to hear the voice of the Shofar.

בָּרוּךְ אַתָּה יְיָ אֱלֹהֵינוּ

מֶלֶךְ הָעוֹלָם

אֲשֶׁר קִדְּשָׁנוּ בְּמִצְוֹתָיו

וְצִוָּנוּ לִשְׁמוֹעַ קוֹל שׁוֹפָר.

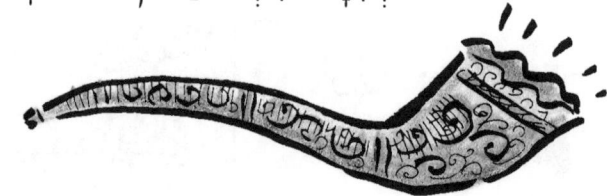

LANGUAGE ENRICHMENT

אוֹצַר מִלִּים
A TREASURY OF WORDS

   לֹא

   כֵּן

   שׁוֹמַעַת   שׁוֹמֵעַ

Write כֵּן by each thing that makes a sound.

Write לֹא by each thing that does not make a sound.

_____ שׁוֹפָר   _____ חָתוּל   _____ יָרֵחַ

_____ עֵץ   _____ חַלָּה   _____ רַדְיוֹ

Check the sentence that best describes each picture.

☐ צִפּוֹר תַּחַת הַשֶּׁמֶשׁ
☐ צִפּוֹר תַּחַת הַיָּרֵחַ
☐ מַיִם עַל־יַד הָאָרֶץ

☐ צִפּוֹר בַּמַּיִם
☐ פֵּרוֹת עַל הָאֲדָמָה
☐ רִבְקָה שׁוֹמַעַת מַיִם

☐ אֶסְתֵּר שׁוֹמַעַת עִבְרִית
☐ אוֹר בַּבַּיִת
☐ אֶסְתֵּר אוֹכֶלֶת פֵּרוֹת

☐ יַיִן עַל־יַד הַלֶּחֶם
☐ דָּנִיאֵל שׁוֹמֵעַ צִפּוֹר
☐ יָדַיִם עַל הָרֹאשׁ

דַּף קְרִיאָה
READING PAGE

FOCUS ON PHONICS: יָ   יִ   ָ   ץ   ך   כ

KEY WORDS YOU SHOULD KNOW

חַי שֻׁלְחָן מֶלֶךְ בְּרָכָה עֵץ חַיִּים

1. דַּי סִינַי קִבּוּץ חָמֵץ הָאָרֶץ אֵת

2. חָכָם שֵׂכֶל זוֹכֵר מְלָאכָה רַבּוֹתַי שְׂפָתַי

3. חֻמָּשׁ סֻכָּה סֻכּוֹת חֲנֻכָּה מְכַבֵּד מְשֻׁגָּע

4. מֶלֶךְ לָךְ שֶׁלָּךְ לָךְ שֶׁלְּךָ בִּיתֶךָ

5. וַיְכַל יִמְלוֹךְ מֵאֶלֶךְ לְבָבְךָ אֲדוֹנִי אֲדוֹנָי

6. וַיְכֻלּוּ לְהַעֲדִיף מַלְכוּתְךָ מְצַוְּךָ לְהִתְפּוֹצֵץ

EVERYTHING IN ITS PLACE

Fill in the correct form of the missing letters. Use the letters on the right of each line.

יְבָרֵ__ בְּרָ__	בְּרָ__	בְּרָ__ה	כ ך
__אֶרֶ__	הָאָרֶ__	הָאֲרָ__וֹת	צ ץ
עָטַ__	לְהִתְעַטֵּ__	עֲטִי__ָה	פ ף
אֱמוּ__ָה	__אֶמָ__	אָמַ__	נ ן
עוֹלָ__ִי	בְּעוֹלָ__וֹ	הָעוֹלָ__	מ ם

Unscramble the letters to make a word you know. Write the word's number under the picture it matches. Number 1 has been done for you.

.1 ה כ ח נ י = ה ָ כ ִ נ ֵ ח ְ י

.5 י ב ת = __ __ __

.2 י מ ם = __ __ __

.6 נ י י ס = __ __ __ __

.3 ד י י ם = __ __ __ __

.7 כ נ ח ה = __ __ __ __

.4 כ ה ס = __ __ __

.8 כ ס ת ו = __ __ __ __

____   ____   ____   ____

____   ____   *1*   ____

Every year during חֲנֻכָּה, a relay race is held in Israel from מוֹדִיעִין to יְרוּשָׁלַיִם.

יְרוּשָׁלַיִם

How quickly can you read these words? To improve your speed, try this:

1. Have a partner time you as you read.

2. If you make a mistake, your partner should say, "Try again." Then you must read that word correctly to continue.

3. Write down how long it took you to reach יְרוּשָׁלַיִם.

4. Read the words again. See if you can improve your time.

יְהוֹשֻׁעַ

לְךָ

מַלְכוּתוֹ

אֶרֶץ

רַבּוֹתַי

יָדֶךָ

מֵסֵבִּין

עָלַי

שֶׁלְּךָ

סְעֻדָה

דֶּרֶךְ

מִיכָאֵל

חָמוּץ

שְׂפָתַי

זֵכֶר

שֶׁלָּךְ

אוֹכְלִין

כֻּלּוֹ

מוֹדִיעִין

MY TIMES

1st try _____

2nd try _____

3rd try _____

דַף בְּרָכָה
BLESSING PAGE

Practice reading these blessing words and phrases.

K I S L E V

שֶׁ + הֶחֶ + יָ + נוּ = שֶׁהֶחֱיָנוּ

וְק + יְמָ + נוּ = וְקִיְּמָנוּ

וְה + גִי + עָ + נוּ = וְהִגִּיעָנוּ

שֶׁהֶחֱיָנוּ וְקִיְּמָנוּ וְהִגִּיעָנוּ

לִזְמַן + הַזֶּה = לִזְמַן הַזֶּה

Some blessings mark special moments in our lives.

Find the words below that contain the word זְמַן. How many did you find? _____

What does the word זְמַן mean? (Hint: take a look at the cover of this book.) _____

For something done for the first time in at least a year

Blessed are You, Adonai our God,

Ruler of the universe,

Who has kept us alive and preserved us,

and brought us to this time.

בָּרוּךְ אַתָּה יְיָ אֱלֹהֵינוּ
מֶלֶךְ הָעוֹלָם
שֶׁהֶחֱיָנוּ וְקִיְּמָנוּ
וְהִגִּיעָנוּ לִזְמַן הַזֶּה.

On holidays that celebrate miracles

Blessed are You, Adonai our God,

Ruler of the universe,

Who did miracles for our ancestors

in those days at this time.

בָּרוּךְ אַתָּה יְיָ אֱלֹהֵינוּ
מֶלֶךְ הָעוֹלָם
שֶׁעָשָׂה נִסִּים לַאֲבוֹתֵינוּ
בַּיָּמִים הָהֵם בַּזְּמַן הַזֶּה.

דַף בְּרָכָה
BLESSING PAGE

Practice reading these blessing words and phrases.

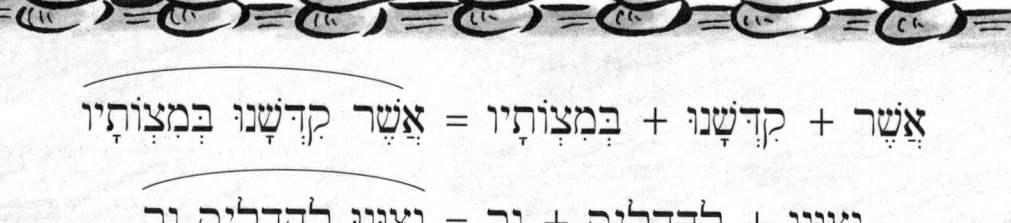

אֲשֶׁר + קִדְּשָׁנוּ + בְּמִצְוֹתָיו = אֲשֶׁר קִדְּשָׁנוּ בְּמִצְוֹתָיו

וְצִוָּנוּ + לְהַדְלִיק + נֵר = וְצִוָּנוּ לְהַדְלִיק נֵר

The blessings in this section are a little longer. When we do special Jewish actions called
מִצְוֹת, *another phrase is added. Find the added phrases in each blessing and underline it. Find the word in each blessing that contains the word* מִצְוֹת. *Practice reading these blessings.*

For lighting Shabbat candles

Blessed are You, Adonai our God,

Ruler of the universe,

Who makes us special with mitzvot

and commands us to kindle the lights of Shabbat.

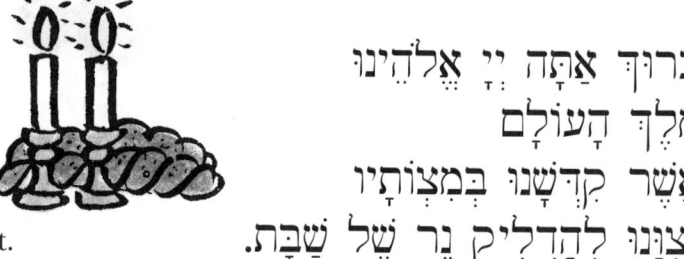

בָּרוּךְ אַתָּה יְיָ אֱלֹהֵינוּ

מֶלֶךְ הָעוֹלָם

אֲשֶׁר קִדְּשָׁנוּ בְּמִצְוֹתָיו

וְצִוָּנוּ לְהַדְלִיק נֵר שֶׁל שַׁבָּת.

For lighting Chanukah candles

Blessed are You, Adonai our God,

Ruler of the universe,

Who makes us special with mitzvot

and commands us to kindle the Chanukah lights.

בָּרוּךְ אַתָּה יְיָ אֱלֹהֵינוּ

מֶלֶךְ הָעוֹלָם

אֲשֶׁר קִדְּשָׁנוּ בְּמִצְוֹתָיו

וְצִוָּנוּ לְהַדְלִיק נֵר שֶׁל חֲנֻכָּה.

For lighting festival candles

Blessed are You, Adonai our God,

Ruler of the universe,

Who makes us special with mitzvot

and commands us to kindle the festival lights.

בָּרוּךְ אַתָּה יְיָ אֱלֹהֵינוּ

מֶלֶךְ הָעוֹלָם

אֲשֶׁר קִדְּשָׁנוּ בְּמִצְוֹתָיו

וְצִוָּנוּ לְהַדְלִיק נֵר שֶׁל יוֹם טוֹב.

LANGUAGE ENRICHMENT

אוֹצֵר מִלִּים
A TREASURY OF WORDS

 בֵּית-כְּנֶסֶת	 בֵּית-סֵפֶר	 בַּיִת
 רַבִּי	 מוֹרָה מוֹרֶה	מִשְׁפָּחָה  אַבָּא אִמָּא יֶלֶד יַלְדָּה
 חַזָּן	 סֵפֶר	
תּוֹרָה	 כִּתָּה	 מְזוּזָה
 בִּימָה	עִפָּרוֹן	 שֻׁלְחָן
 סִדּוּר	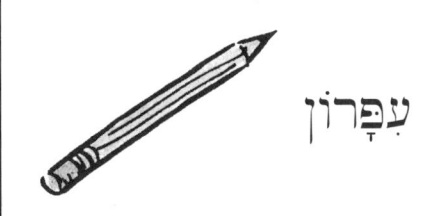 מַחְבֶּרֶת	 כִּסֵּא

LANGUAGE ENRICHMENT

Circle all the words that belong to each place.

בֵּית-כְּנֶסֶת	בַּיִת	בֵּית-סֵפֶר

חַזָּן	יֶלֶד	שֻׁלְחָן	כִּסֵּא	רַבִּי	כִּתָּה
בִּימָה	מְזוּזָה	תּוֹרָה	חָתוּל	סֵפֶר	מַחְבֶּרֶת
אִמָּא	כֶּלֶב	אִמָּא	יַלְדָּה	יַלְדָּה	אִמָּא
מוֹרָה	כִּתָּה	חַזָּן	מְזוּזָה	יֶלֶד	מוֹרָה
רַבִּי	סִדוּר	בִּימָה	אַבָּא	חָתוּל	חַזָּן
מוֹרֶה	תּוֹרָה	רַבִּי	כֶּלֶב	מוֹרָה	עִפָּרוֹן

Look at the pictures. Use the words in the treasure chest to complete the captions in Hebrew. (Hint: if you don't remember what the words in the chest mean, look back to pages 7 and 20.) Then recite a blessing that could be said in each situation.

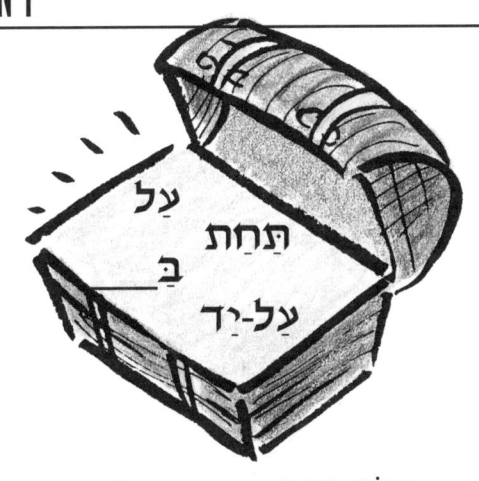

עַל
תַּחַת
בְּ
עַל-יָד

1. הַמִּשְׁפָּחָה _____ בַּיִת.

2. הַמִּשְׁפָּחָה _____ הַשֻּׁלְחָן.

3. הַחַלָּה _____ הַשֻּׁלְחָן.

4. הַכֶּלֶב _____ הַשֻּׁלְחָן.

5. הַמִּשְׁפָּחָה _____ סֻכָּה.

6. הַכֶּלֶב _____ הַסֻּכָּה.

7. הַצִּפּוֹר _____ הַסֻּכָּה.

8. הַמִּשְׁפָּחָה _____ הַשֻּׁלְחָן.

9. הַחֲנֻכִּיָּה _____ הַשֻּׁלְחָן.

10. הַנֵּרוֹת _____ חֲנֻכִּיָּה.

11. הֶחָתוּל _____ הַחֲנֻכִּיָּה.

מַזָּל טוֹב!

You have now finished this Hebrew review book. You can read all of the blessings in this book, and you are ready to learn the prayers in the worship service.

Blessings are the building blocks of Jewish prayer. Understanding them will help you as you make your way through the service.

In the Talmud, the Rabbis called prayer "a service of the heart." The game below will help you find the key to unlocking your Jewish heart.

Play this game with two partners. Choose your key and take turns reading. If you make a mistake, you must start over. The first to open all the locks wins.

"Language is the key to a nation's heart."

(Chaim Nachman Bialik, "Father" of modern Hebrew poetry)

MY בְּרָכוֹת AROUND THE YEAR

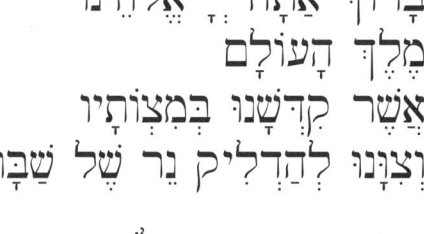

שַׁבָּת

or the beginning of שַׁבָּת

lessed are You, Adonai our God,

uler of the universe,

Who makes us special with mitzvot

nd commands us to kindle the lights of Shabbat.

בָּרוּךְ אַתָּה יְיָ אֱלֹהֵינוּ
מֶלֶךְ הָעוֹלָם
אֲשֶׁר קִדְּשָׁנוּ בְּמִצְוֹתָיו
וְצִוָּנוּ לְהַדְלִיק נֵר שֶׁל שַׁבָּת.

lessed are You, Adonai our God,

uler of the universe,

Who creates the fruit of the vine.

בָּרוּךְ אַתָּה יְיָ אֱלֹהֵינוּ
מֶלֶךְ הָעוֹלָם
בּוֹרֵא פְּרִי הַגָּפֶן.

lessed are You, Adonai our God,

uler of the universe,

Who makes us special with mitzvot

nd takes delight in us.

n love and favor You have given us

he sacred day of Shabbat as our heritage,

reminder of the work of creation.

is the first of our sacred days,

ecalling our liberation from Egypt.

or You have chosen us

nd set us apart from all peoples,

ith love and favor You have given us Shabbat

s a sacred heritage.

lessed are You, Adonai,

Who makes Shabbat sacred.

בָּרוּךְ אַתָּה יְיָ אֱלֹהֵינוּ
מֶלֶךְ הָעוֹלָם
אֲשֶׁר קִדְּשָׁנוּ בְּמִצְוֹתָיו
וְרָצָה בָנוּ
וְשַׁבַּת קָדְשׁוֹ בְּאַהֲבָה וּבְרָצוֹן
הִנְחִילָנוּ
זִכָּרוֹן לְמַעֲשֵׂה בְרֵאשִׁית.
כִּי הוּא יוֹם תְּחִלָּה לְמִקְרָאֵי קֹדֶשׁ
זֵכֶר לִיצִיאַת מִצְרָיִם
כִּי-בָנוּ בָחַרְתָּ
וְאוֹתָנוּ קִדַּשְׁתָּ מִכָּל-הָעַמִּים
וְשַׁבַּת קָדְשְׁךָ בְּאַהֲבָה וּבְרָצוֹן
הִנְחַלְתָּנוּ
בָּרוּךְ אַתָּה יְיָ
מְקַדֵּשׁ הַשַּׁבָּת.

lessed are You, Adonai our God,

uler of the universe,

Who brings forth bread from the earth.

בָּרוּךְ אַתָּה יְיָ אֱלֹהֵינוּ
מֶלֶךְ הָעוֹלָם
הַמּוֹצִיא לֶחֶם מִן הָאָרֶץ.

הַבְדָּלָה

For the end of שַׁבָּת

Blessed are You, Adonai our God,

Ruler of the universe,

Who creates the fruit of the vine.

בָּרוּךְ אַתָּה יְיָ אֱלֹהֵינוּ
מֶלֶךְ הָעוֹלָם
בּוֹרֵא פְּרִי הַגָּפֶן.

Blessed are You, Adonai our God,

Ruler of the universe,

Creator of various kinds of spices.

בָּרוּךְ אַתָּה יְיָ אֱלֹהֵינוּ
מֶלֶךְ הָעוֹלָם
בּוֹרֵא מִינֵי בְשָׂמִים.

Blessed are You, Adonai our God,

Ruler of the universe,

Who creates the lights of fire.

בָּרוּךְ אַתָּה יְיָ אֱלֹהֵינוּ
מֶלֶךְ הָעוֹלָם
בּוֹרֵא מְאוֹרֵי הָאֵשׁ.

Blessed are You, Adonai our God,

Ruler of the universe,

Who separates the sacred from the ordinary,

light from darkness,

Israel from the other nations,

the seventh day from the six work days.

Blessed are You, Adonai,

Who separates the sacred from the ordinary.

בָּרוּךְ אַתָּה יְיָ אֱלֹהֵינוּ
מֶלֶךְ הָעוֹלָם
הַמַּבְדִּיל בֵּין קֹדֶשׁ לְחוֹל
בֵּין אוֹר לְחֹשֶׁךְ
בֵּין יִשְׂרָאֵל לָעַמִּים
בֵּין יוֹם הַשְּׁבִיעִי לְשֵׁשֶׁת יְמֵי הַמַּעֲשֶׂה.
בָּרוּךְ אַתָּה יְיָ
הַמַּבְדִּיל בֵּין קֹדֶשׁ לְחוֹל.

רֹאשׁ הַשָּׁנָה/סֻכּוֹת

or lighting festival candles

Blessed are You, Adonai our God,

Ruler of the universe,

Who makes us special with mitzvot

nd commands us to kindle the festival lights.

בָּרוּךְ אַתָּה יְיָ אֱלֹהֵינוּ
מֶלֶךְ הָעוֹלָם
אֲשֶׁר קִדְּשָׁנוּ בְּמִצְוֹתָיו
וְצִוָּנוּ לְהַדְלִיק נֵר שֶׁל יוֹם טוֹב.

ecited on the first day of every holiday

Blessed are You, Adonai our God,

Ruler of the universe,

Who has kept us alive and preserved us,

nd brought us to this time.

בָּרוּךְ אַתָּה יְיָ אֱלֹהֵינוּ
מֶלֶךְ הָעוֹלָם
שֶׁהֶחֱיָנוּ וְקִיְּמָנוּ
וְהִגִּיעָנוּ לַזְּמַן הַזֶּה.

or sitting in a Sukkah

Blessed are You, Adonai our God,

Ruler of the universe,

Who makes us special with mitzvot

And commands us to dwell in the sukkah.

בָּרוּךְ אַתָּה יְיָ אֱלֹהֵינוּ
מֶלֶךְ הָעוֹלָם
אֲשֶׁר קִדְּשָׁנוּ בְּמִצְוֹתָיו
וְצִוָּנוּ לֵישֵׁב בַּסֻּכָּה.

or waving the Lulav

Blessed are You, Adonai our God,

Ruler of the universe,

Who makes us special with mitzvot

nd commands us to wave the lulav.

בָּרוּךְ אַתָּה יְיָ אֱלֹהֵינוּ
מֶלֶךְ הָעוֹלָם
אֲשֶׁר קִדְּשָׁנוּ בְּמִצְוֹתָיו
וְצִוָּנוּ עַל נְטִילַת לוּלָב.

חֲנֻכָּה

For lighting Chanukah candles

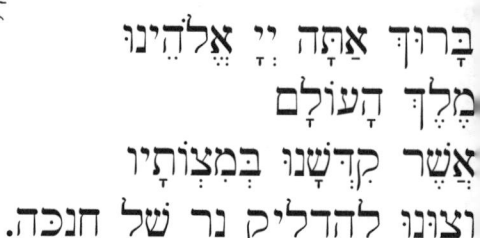

Blessed are You, Adonai our God,

Ruler of the universe,

Who makes us special with mitzvot

and commands us to kindle the Chanukah lights.

בָּרוּךְ אַתָּה יְיָ אֱלֹהֵינוּ
מֶלֶךְ הָעוֹלָם
אֲשֶׁר קִדְּשָׁנוּ בְּמִצְוֹתָיו
וְצִוָּנוּ לְהַדְלִיק נֵר שֶׁל חֲנֻכָּה.

On holidays that celebrate miracles

Blessed are You, Adonai our God,

Ruler of the universe,

Who did miracles for our ancestors

in those days at this time.

בָּרוּךְ אַתָּה יְיָ אֱלֹהֵינוּ
מֶלֶךְ הָעוֹלָם
שֶׁעָשָׂה נִסִּים לַאֲבוֹתֵינוּ
בַּיָּמִים הָהֵם בַּזְּמַן הַזֶּה.

Recited on the first evening only

Blessed are You, Adonai our God,

Ruler of the universe,

Who has kept us alive and preserved us,

and brought us to this time.

בָּרוּךְ אַתָּה יְיָ אֱלֹהֵינוּ
מֶלֶךְ הָעוֹלָם
שֶׁהֶחֱיָנוּ וְקִיְּמָנוּ
וְהִגִּיעָנוּ לַזְּמַן הַזֶּה.

פּוּרִים

or reading the Megillah

Blessed are You, Adonai our God,

Ruler of the universe,

Who makes us special with mitzvot

and commands us to read the Megillah.

בָּרוּךְ אַתָּה יְיָ אֱלֹהֵינוּ

מֶלֶךְ הָעוֹלָם

אֲשֶׁר קִדְּשָׁנוּ בְּמִצְוֹתָיו

וְצִוָּנוּ עַל מִקְרָא מְגִלָּה.

Blessed are You, Adonai our God,

Ruler of the universe,

Who did miracles for our ancestors

in those days at this time.

בָּרוּךְ אַתָּה יְיָ אֱלֹהֵינוּ

מֶלֶךְ הָעוֹלָם

שֶׁעָשָׂה נִסִּים לַאֲבוֹתֵינוּ

בַּיָּמִים הָהֵם בַּזְּמַן הַזֶּה.

Blessed are You, Adonai our God,

Ruler of the universe,

Who has kept us alive and preserved us,

and brought us to this time.

בָּרוּךְ אַתָּה יְיָ אֱלֹהֵינוּ

מֶלֶךְ הָעוֹלָם

שֶׁהֶחֱיָנוּ וְקִיְּמָנוּ

וְהִגִּיעָנוּ לַזְּמַן הַזֶּה.

פֶּסַח

For lighting festival candles

Blessed are You, Adonai our God,

Ruler of the universe,

Who makes us special with mitzvot

and commands us to kindle the festival lights.

בָּרוּךְ אַתָּה יְיָ אֱלֹהֵינוּ
מֶלֶךְ הָעוֹלָם
אֲשֶׁר קִדְּשָׁנוּ בְּמִצְוֹתָיו
וְצִוָּנוּ לְהַדְלִיק נֵר שֶׁל יוֹם טוֹב.

Before drinking wine or grape juice

Blessed are You, Adonai our God,

Ruler of the universe,

Who creates the fruit of the vine.

בָּרוּךְ אַתָּה יְיָ אֱלֹהֵינוּ
מֶלֶךְ הָעוֹלָם
בּוֹרֵא פְּרִי הַגָּפֶן.

Blessed are You, Adonai our God,

Ruler of the universe,

Who has kept us alive and preserved us,

and brought us to this time.

בָּרוּךְ אַתָּה יְיָ אֱלֹהֵינוּ
מֶלֶךְ הָעוֹלָם
שֶׁהֶחֱיָנוּ וְקִיְּמָנוּ
וְהִגִּיעָנוּ לַזְּמַן הַזֶּה.

Before eating מַצָּה

Blessed are You, Adonai our God,

Ruler of the universe,

Who brings forth bread from the earth.

בָּרוּךְ אַתָּה יְיָ אֱלֹהֵינוּ
מֶלֶךְ הָעוֹלָם
הַמּוֹצִיא לֶחֶם מִן הָאָרֶץ.

Blessed are You, Adonai our God,

Ruler of the universe,

Who makes us special with mitzvot

and commands us to eat matzah.

בָּרוּךְ אַתָּה יְיָ אֱלֹהֵינוּ
מֶלֶךְ הָעוֹלָם
אֲשֶׁר קִדְּשָׁנוּ בְּמִצְוֹתָיו
וְצִוָּנוּ עַל אֲכִילַת מַצָּה.

For eating bitter herbs

Blessed are You, Adonai our God,

Ruler of the universe,

Who makes us special with mitzvot

and commands us to eat bitter herbs.

בָּרוּךְ אַתָּה יְיָ אֱלֹהֵינוּ
מֶלֶךְ הָעוֹלָם
אֲשֶׁר קִדְּשָׁנוּ בְּמִצְוֹתָיו
וְצִוָּנוּ עַל אֲכִילַת מָרוֹר.

or putting up a mezuzah

lessed are You, Adonai our God,

uler of the universe,

Vho makes us special with mitzvot

nd commands us to hang a mezuzah.

בָּרוּךְ אַתָּה יְיָ אֱלֹהֵינוּ
מֶלֶךְ הָעוֹלָם
אֲשֶׁר קִדְּשָׁנוּ בְּמִצְוֹתָיו
וְצִוָּנוּ לִקְבּוֹעַ מְזוּזָה.

or Jewish study

lessed are You, Adonai our God,

uler of the universe,

Vho makes us special with mitzvot,

nd commands us to be busy

ith Torah study.

בָּרוּךְ אַתָּה יְיָ אֱלֹהֵינוּ
מֶלֶךְ הָעוֹלָם
אֲשֶׁר קִדְּשָׁנוּ בְּמִצְוֹתָיו
וְצִוָּנוּ לַעֲסוֹק בְּדִבְרֵי תוֹרָה.

or putting תְּפִלִּין on the arm

lessed are You, Adonai our God,

uler of the universe,

Vho has made us special with mitzvot,

nd has commanded us to lay tefillin.

בָּרוּךְ אַתָּה יְיָ אֱלֹהֵינוּ
מֶלֶךְ הָעוֹלָם
אֲשֶׁר קִדְּשָׁנוּ בְּמִצְוֹתָיו
וְצִוָּנוּ לְהָנִיחַ תְּפִלִּין.

or putting תְּפִלִּין on the head

lessed are You, Adonai our God,

uler of the universe,

Vho has made us special with mitzvot,

nd has commanded us about the

nitzvah of tefillin.

בָּרוּךְ אַתָּה יְיָ אֱלֹהֵינוּ
מֶלֶךְ הָעוֹלָם
אֲשֶׁר קִדְּשָׁנוּ בְּמִצְוֹתָיו
וְצִוָּנוּ עַל מִצְוַת תְּפִלִּין.

OTHER BLESSINGS FOR THINGS WE EAT AND DRINK

Before eating foods that are made from grain other than bread

Blessed are You, Adonai our God,

Ruler of the universe,

Who creates all kinds of foods.

בָּרוּךְ אַתָּה יְיָ אֱלֹהֵינוּ
מֶלֶךְ הָעוֹלָם
בּוֹרֵא מִינֵי מְזוֹנוֹת.

Before eating foods that do not grow directly out of the ground

Blessed are You, Adonai our God,

Ruler of the universe,

by Whose word all things exist.

בָּרוּךְ אַתָּה יְיָ אֱלֹהֵינוּ
מֶלֶךְ הָעוֹלָם
שֶׁהַכֹּל נִהְיֶה בִּדְבָרוֹ.

OTHER BLESSINGS FOR THINGS WE SEE AND HEAR

n seeing an exceptionally beautiful tree or creature

lessed are You, Adonai our God,

uler of the universe,

ho makes things like this in Your world.

בָּרוּךְ אַתָּה יְיָ אֱלֹהֵינוּ
מֶלֶךְ הָעוֹלָם
שֶׁכָּכָה לוֹ בְּעוֹלָמוֹ.

n seeing trees in bloom for the first time in the year

lessed are You, Adonai our God,

uler of the universe,

ho did not withold anything from the world,

ling it with good creatures and

od trees for people to enjoy.

בָּרוּךְ אַתָּה יְיָ אֱלֹהֵינוּ
מֶלֶךְ הָעוֹלָם
שֶׁלֹּא חִסַּר בְּעוֹלָמוֹ דָּבָר
וּבָרָא בּוֹ בְּרִיּוֹת טוֹבוֹת
וְאִילָנוֹת טוֹבִים לְהַנּוֹת בָּהֶם בְּנֵי אָדָם.

n hearing good news

lessed are You, Adonai our God,

uler of the universe,

ho is and does good.

בָּרוּךְ אַתָּה יְיָ אֱלֹהֵינוּ
מֶלֶךְ הָעוֹלָם
הַטּוֹב וְהַמֵּטִיב.

n hearing bad news

lessed are You, Adonai our God,

uler of the universe,

he true judge.

בָּרוּךְ אַתָּה יְיָ אֱלֹהֵינוּ
מֶלֶךְ הָעוֹלָם
דַּיָּן הָאֱמֶת.

LESSON	ח		LESSON	א
_____ (4)	חַוָּה		_____ (1)	אַבָּא
_____ (6)	חַזָּן		_____ (4)	אָדָם
_____ (6)	חַי		_____ (2)	אֲדָמָה
_____ (1)	חַלָּה		_____ (2)	אוֹכֵל
_____ (1)	חָתוּל		_____ (2)	אוֹכֶלֶת
	ט		_____ (1)	אִמָּא
_____ (3)	טַלִּית		_____ (2)	אֲנִי
	י		_____ (4)	אוֹר
_____ (2)	יָד			ב
_____ (3)	יָדַיִם		_____ (1)	בְּ
_____ (4)	יוֹם		_____ (5)	בְּבַקָשָׁה
_____ (4)	יוֹם חֲמִישִׁי		_____ (6)	בִּימָה
_____ (4)	יוֹם רִאשׁוֹן		_____ (1)	בַּיִת
_____ (4)	יוֹם רְבִיעִי		_____ (5)	בֵּית-כְּנֶסֶת
_____ (4)	יוֹם שְׁלִישִׁי		_____ (6)	בֵּית-סֵפֶר
_____ (4)	יוֹם שִׁשִּׁי		_____ (5)	בֹּקֶר טוֹב
_____ (4)	יוֹם שֵׁנִי		_____ (6)	בְּרָכָה
_____ (1)	יַיִן			ג
_____ (4)	יֶלֶד		_____ (4)	גּוֹרִילָה
_____ (6)	יַלְדָּה		_____ (2)	גֶּפֶן
_____ (4)	יָרֵחַ			ד
_____ (4)	יִשְׂרָאֵל		_____ (1)	דָּג
	כ			ה
_____ (1)	כֶּלֶב		_____ (3)	הַ
_____ (5)	כֵּן		_____ (4)	הָאָרֶץ
_____ (6)	כִּסֵּא			ז
_____ (3)	כַּפָּה		_____ (4)	זֶבְרָה
_____ (4)	כִּתָּה			

LESSON			LESSON	
		פ		**ל**
(2)	פּוּרִים		(5)	לֹא
(2)	פֵּרוֹת		(2)	לֶחֶם
(2)	פְּרִי			**מ**
(2)	פְּרִי הָאֲדָמָה		(6)	מוֹרֶה
(2)	פְּרִי הַגֶּפֶן		(6)	מוֹרָה
(2)	פְּרִי הָעֵץ		(6)	מְזוּזָה
		צ	(5)	מַזָּל טוֹב
(3)	צִיצִית		(6)	מַחְבֶּרֶת
(4)	צִפּוֹר		(3)	מַיִם
		ק	(2)	מֶלֶךְ
(4)	קֶנְגּוּרוּ		(6)	מִשְׁפָּחָה
		ר		**נ**
(6)	רַבִּי		(4)	נֵרוֹת
(3)	רֹאשׁ			**ס**
		שׁ	(6)	סִדּוּר
(1)	שַׁבָּת		(6)	סֻכָּה
(5)	שׁוֹמֵעַ		(5)	סְלִיחָה
(5)	שׁוֹמַעַת		(5)	סֵפֶר
(5)	שָׁלוֹם			**ע**
(1)	שֻׁלְחָן		(3)	עִבְרִית
(4)	שֶׁמֶשׁ		(1)	עַל
		ת	(3)	עַל-יָד
(6)	תּוֹרָה		(6)	עִפָּרוֹן
(1)	תַּחַת		(2)	עֵץ
			(6)	עֵץ חַיִּים